# ET BIDRAG TIL FORTÆLLINGEN OM DEN 2. SLESVIGSKE KRIG 1864

*Et bidrag til fortællingen om den*

# 2. slesvigske krig 1864

*Indberetning til Ministeriet for hertugdømmet Slesvig
om forholdene i Tønder provsti fra provst*

## Jens Mathias Lind Hjort

*udgivet med forord, registre og noter af*

## Henning Smidth

Forlag: Books on Demand GmbH, København, Danmark

Tryk: Books on Demand GmbH, Norderstedt, Tyskland

Bogen er fremstillet efter on-Demand-proces

ISBN 978-87-4301-365-5

# Indhold

# Forord

I anledning af 100-året for Sønderjyllands (Nordslesvigs) genforening med kongeriget Danmark i 1920 har jeg fundet det vigtigt at genudgive provst Hjorts (1824-1899) indberetning om forholdene i Tønder i begyndelsen af den 2. slesvigske krig i 1864. Indberetningen har tidligere været udgivet i en afskrift uden noter af hans søn, Niels Hjort (1857-1939), i *Sønderjydsk Maanedsskrift. Nr. 8, 15. Aarg., 1. Februar 1939* ved den daværende sognepræst i Tønder, Hans Magle – 7 måneder før udbruddet af 2. verdenskrig og 14 måneder før Danmark igen blev involveret i en tysk krig.

Baggrunden for den 2. slesvigske krig, som mange måske kun husker for slaget ved Dybbøl (og senere slaget om Als) – detaljeret og fængslende beskrevet i Tom Buk-Swientys bøger *Slagtebænk Dybbøl* fra 2008 og *Dommedag Als* fra 2010, skal her kort ridses op:

*"Baggrunden for krigen i 1864 (2. Slesvigske Krig) skal findes i 1800-tallets nationalistiske strømninger, hvor tysk og dansk nationalisme kolliderede i spørgsmålet om hertugdømmet Slesvigs skæbne. Slesvig havde i århundreder hørt under den danske krone, men var samtidig et område, hvor der taltes både dansk og tysk. Da den danske konge i 1848 stillede i udsigt, at den enevældige styreform skulle afskaffes, rejstes der i København krav om en fri forfatning, som også skulle sammenknytte kongeriget Danmark og hertugdømmet Slesvig. Det førte til et oprør blandt de tysksindede i Slesvig og Holsten, som i stedet ønskede et samlet Slesvig-Holsten. Resultatet var 1. Slesvigske Krig, eller Treårskrigen, der stod på fra 1848 til 1850, og hvor de slesvig-holstenske oprørere fik støtte fra Det Tyske Forbund og Preussen. Krigen endte med en delvis dansk sejr, hvor det lykkedes Danmark at holde hertugdømmerne adskilt, men hvor den danske stat på den anden side måtte opgive planerne om at samle Slesvig og kongeriget Danmark.*

*Treårskrigen løste imidlertid ikke det grundlæggende problem omkring Slesvigs skæbne som enten dansk eller tysk land, og i begyndelsen af 1860'erne brød konflikten ud igen. Da Danmark i 1863 søgte at udskille det tysksindede Holsten og samtidig knytte Slesvig tættere til det danske kongerige, stødte det på ny på protester sydfra, og i begyndelsen af 1864 erklærede Preussen og Østrig krig mod Danmark.*

*Til forskel fra Treårskrigen var det et nyt slagkraftigt Preussen under ledelse af jernkansleren Otto von Bismarck, som man stod over for. Danmark var derimod dårligt militært forberedt og var splittet med hensyn til, hvad man egentlig ønskede at opnå. Resultatet blev et nederlag både på slagmarken og ved forhandlingsbordet. Danmark tabte stort set hele Slesvig samt de to tyske hertugdømmer Holsten og Lauenborg, som blev samlet i det nye Tyske Kejserrige, der blev skabt under preussisk ledelse i 1871. Det dansk dominerede Nordslesvig blev dog genforenet med Danmark i 1920 efter det tyske nederlag i 1. verdenskrig."*

(Citeret fra: https://danmarkshistorien.dk/temaer/krigen-i-1864/)

Hjorts indberetning giver et levende billede af

dagliglivet i Tønder provsti, som dengang også omfattede store områder i det nuværende Sydslesvig, i de to første, hektiske måneder – februar og marts – inden det for alvor gik galt for Danmark med slaget ved Dybbøl den 18. april 1864. Provst Hjorts indberetnings overordnede mål er en beskrivelse af embedsmændenes forhold, såvel de gejstlige som de administrative og skolelærerne, men rummer også en detaljeret beskrivelse af den brede befolknings forhold – hvem var dansksindede og hvem tysksindede? Forholdet til de udenlandske, preussiske og østrig/ungarske tropper. Tilbagetrækningen fra Dannevirke og de danske troppers bevægelse.

Mange af de fordrevne embedsmænd tog først ophold i Møgeltønder, der dengang lå i en af de såkaldte kongerigske enklaver. De kongerigske enklaver omfattede en række områder i hertugdømmet Slesvig, som under reformationen eller efter stridigheder med de holstenske grever blev indlemmet og administreret af det danske kongeriges administration og lovgivning. De lå som små øer med dansk administration i et område, der ellers blev administreret fra Gottorp.

Provst Hjorts tekst gengives i den originale form. Personnavne er verificerede i forhold til de kilder, der er nævnt i litteraturlisten; hvor kildernes navneform afviger fra Hjorts, har jeg anvendt kildernes form og anført Hjorts afvigelser. Indberetningen er affattet i tidens (kancelli)sprog og den dengang gældende grammatik, hvorefter bl.a. verberne er bøjede. Det er min forventning, at de fleste læsere uden større besvær vil kunne forstå teksten. Hvor det er skønnet nødvendigt, har jeg tilføjet forklaringer eller kommentarer i skarpe parenteser "[ ]".

Om forfatteren følgende korte biografiske oplysninger:

Jens Mathias Lind Hjort (på dåbsattesten med fornavn: Iens) blev født i Ribe den 5. november 1824, søn af pastor Niels Schiørring Hjort (1798-1842) og hustru Karen Cathrine Lind (1898-1849). Han var gift med Clara Dorothea Schou (1824-1891) med hvem han havde børnene: Elisabeth Hjort (1856-1928), Niels Hjort (1857-1939) og Clara Hjort (1859-1915). Farfaderen – Victor Christian Hjort (1765-1818) – var biskop i Ribe, så den teologiske uddannelse lå lige for – og blev også fulgt af Jens' søn Niels.

Jens Mathias Lind Hjort begyndte sin karriere som lærer i 1850 og overlærer i 1852 ved Søetatens Drengeskole i København. I 1859 blev han residerende kapellan og førstelærer i Kolding. Allerede året efter blev han sognepræst og provst for Tønder provsti. Langfredag den 25. marts 1864 forlod han Tønder efter at være blevet afsat af de tyske (preussiske) myndigheder den 22. marts. I 1865 blev han sognepræst ved Elmelunde kirke på Møn og fra 1880 tillige provst for Baarse og Mønbo herreder. Han døde den 4. august 1899 og ligger begravet på Elmelunde kirkegård.

Provst Hjort er udgiverens tipoldefar.

*Henning Smidth*

Provst Jens Mathias Lind Hjort

# ALLERÆRBØDIGST INDBERETNING

til Ministeriet for Hertugdømmet Slesvig fra Provsten

## FOR TØNDER PROVSTI

angaaende de i Tønder Provsti siden 7. Februar d. A. stedfundne

Begivenheder, hvorved danske Embedsmænd ere blevne fjernede fra

deres Embeder og en oprørsk Bestyrelse sat isteden.

*Afgiven 5. April 1864.*


Efterat Stemningen i Tønder Provsti allerede i nogen Tid var begyndt stærkt at paavirkes ved Agitationen sydfra, ved Omdeling af Flyveblade og Flyveskrifter og ved Udsendelsen af Emissærer [udsendinge], kom det til et stærkt og pludseligt Udbrud ved Efterretningen om Dannevirkes Rømning, og det var at vente, at alvorlige Begivenheder forestod. Nu bagefter er det let at tale om, hvad der havde været at gjøre, og at paavise det Urigtige, som kan have været i de enkelte Embedsmænds Adfærd, men jeg vover her forud at udtale, at ligesom jeg troer, at det sidste

14

Resultat, eftersom det har vist sig ved Begivenhedernes senere Udvikling, vilde være bleven det samme, idet det preussiske Regimente overalt, hvor det etableres, ender med de danske Embedsmænds Fjernelse, saaledes vilde dog paa den anden Side, ved en anden Fremgangsmaade saavel fra Regjeringens som fra lokale Autoriteters Side, meget være kommen paa en anden Maade, og Embedsmændene og deres Familier være forskaanede for mange Sorger og Ulykker. Jeg sigter herved til den fuldkomne og pludselige Forladthed, hvori Embedsstanden paa Vestkysten kom ved Unddragelsen af al militær Beskyttelse, idet ikke blot det egentlige Militær, men ogsaa Gendarmeriet bortdroges [blev trukket bort]. Havde der i Tønder været nogen militær Assistance, ja endog blot, hvis der i Tide var bleven lejet tilstrækkelig Politistyrke, troer jeg, at Myndigheden vilde have kunnet holdes vedlige, indtil de fremmede Tropper kom. Thi Befolkningen i Tønder og Omegn, navnlig hele den fattigere Stand, er overvejende dansk.

Allerede om Lørdagen d. 6te Februar viste der sig stor Bevægelse, idet Folk samlede sig flokkevis paa

Gaderne, støjede og sang Oprørssangen "Schleswig-Holstein". Dog hørtes endnu ogsaa "den tapre Landsoldat". Lørdag og Søndag igjennem kom en Mængde Flygtninge sydfra, saavel fra de sydlige Amter som fra de sydligere Steder i Tønder Amt. Embedsmændene i Nybøl var forjagne af en Pøbelhob, ligeledes Pastor Riis-Lowson i Læk, i hvis Hus en fuld Pøbelhob med Vold havde forsøgt at trænge ind. Det hed sig, at der var en fast aftalt Plan, at alle danske Embedsmænd skulde fjernes ved Magt, og som det gaar ved saadanne Lejligheder udbredte der sig hos mange en panisk Skræk. Søndag Middag d. 7de Februar kom en Afdeling Artillerister med Kanoner paa Tilbagetoget fra Frederiksstad nordpaa igjennem Tønder og blev med den største Glæde modtagne af alle Danske. Til dem sluttede sig ved deres Afrejse flere danske Embedsmænd med Familier samt Gendarmeriet og Politibetjentene, og Byen blev saaledes blottet for al exekutiv Politimagt. En Sikkerhedskomité blev oprettet af Borgerne for at holde Ordenen vedlige. Hvad mig personlig angaar, havde jeg ikke mærket meget til Bevægelsen, da jeg bor afsides bag Kirken, og mit Sind var opfyldt af min Søndagsprædiken, som jeg holdt til Aftensang Kl. 1½-

3. Om Eftermiddagen Kl. 4 gik jeg ud til Amtmanden, men mødte paa Vejen Borgmesteren, Cancelliraad Holm, som vilde hen til mig for at meddele, at der havde dannet sig en Velfærdskomité i Byen, da Pøbeloptøjerne forestod. De vilde beskytte Familierne, naar Mændene vilde fjerne sig (gjøre sig usynlige), og de fordrede, at vi ikke maatte være der efter Kl. 5-6, da vi ellers risikerede at blive molesterede. Cancelliraad Holm raadede derfor til at tage bort. Da jeg kom ud til Amtmanden, traf jeg ham beredt til Afrejse og hørte, at flere Embedsmand, navnlig Herredsfogederne, alt havde forladt Byen. Jeg var endnu tvivlraadig, men mødte paa Hjemvejen Cancelliraad Holm, som gjentog sin Opfordring. Jeg gik nu hen til Physikus [embedslæge] Ulrich, hvem jeg desværre ikke traf. Da jeg ikke vilde forlade min Familie, bestemte jeg mig til med denne at tage ud til Skast Præstegaard, som ligger i Provstiet, lade min Familie blive der, men selv snarest muligt vende tilbage til mit Embede. Jeg havde aldeles ingen Forberedelser gjort, men pakkede i Hast lidt Tøj og drog til Skast. I Højer mødte vi en stor syngende Pøbelhob, men kom uhindret til vort Bestemmelsessted. Det mest trykkende og skjændige

ved Sagen var, at det Hele var anlagt saaledes, at det skulde se ud, som om Embedsmændene var flygtede af sig selv, medens Borgerne fungerede som Beskyttere. Men i Virkeligheden var det Borgerne, som udjog os, og de havde forfattet Proskriptionslister [lister over fredløse, her: uønskede personer], som ikke blev fravegne. En af Formændene for Velfærdscomitéen udtalte det selv til en dansk Embedsmand, at det ikke var Comitéens Formaal at beskytte *de* danske, som blev, men at beskytte *deres* Ejendom, som var rejst. For min Person bekjender jeg det Urigtige i, at jeg fulgte Opfordringen til at drage bort, men jeg troer, at der er en Undskyldning for mig deri, at jeg hurtig vendte tilbage. Som det gik, blev det ogsaa lettere for mig atter at komme ind i mine Funktioner, hvilket vilde have været vanskeligere, dersom jeg havde oplevet det samme som Dr. Ulrich.

Fastelavnsmandag blev jeg i Skast, da det var at vente, at denne Dag, som altid fører mange Optøjer med sig, denne Gang særlig vilde betegnes derved. Jeg havde lejet en Vogn til Tirsdag Morgen for at tage ind til Byen, men Mandag Eftermiddag Kl. 6 kom en Stafet til mig fra Dr. Ulrich med Brev om snarest muligt at komme tilbage, og jeg afrejste da øjeblikkelig og kom til Byen mellem 11 og 12 Mandag Aften. Her traf jeg Byen i største Røre og Pøbelen i Færd med sine Excesser. Da jeg ikke kunde komme ind i min Bolig, hvortil Nøglen laa hos en Mand i Byen, tog jeg ind i "Humlekærren" [kro – de dansksindedes samlingssted] og blev der om Natten og var ørevidne til Pøbelens forfærdelige Tumult og Excesser. Jeg henviser herom til de Beretninger, som ere meddelte i Vestslesvigsk Tidende. Tirsdag Formiddag skulde Hertugen proklameres, og jeg forlod derfor Byen Tirsdag Morgen. Denne Dag hvilede der en mørk, skummel Stemning over Byen, og Borgerne selv var ængstelige for at Pøbelbevægelserne skulde voxe dem over Hovedet. Flere familier vilde bort, men Ingen turde kjøre for dem. Udbruddet hindredes imidlertid ved, at Skaren allerede tidlig paa Eftermiddagen blev saa drukken, at den intet kunde udrette. Selve Proklamationen, som det er fortalt mig af Øjenvidner, skete paa en temmelig uheldig Maade. Flere af de ansete Borgere, f. Ex. Joh. Pet. Poulsen og Andresen junior, holdt sig tilbage derfra. Deputeretcollegiet vilde intet have at gjøre dermed, ikke engang Hoveherne fra Oprøret, Kjøbmand Todsen, Kjøbmand

19

Angel-Stein, Forpagter Frøhlich fra Ellehus, Momsen fra Store Tønde fungerede, men Talen holdtes af Apotheker Drøger [en anden kilde oplyser, at talen blev holdt af destillatør Draeger]. Under Talen faldt Flaget ned fra Kirketaarnet. Som sædvanlig sluttedes med Psalmen "Nun danket alle Gott", der skulde synges med blottet Hoved, men allerede ved det 2det-3die Vers kom Hattene paa, og man kunde ikke Psalmens Ord. Det gudsbespottelige i den hele Akt gjorde et saa stærkt Indtryk paa Kjøbmand Olufsens højtfrugtsommelige Kone, udenfor hvis Vinduer det Hele foregik, at hun faldt i en krampagtig Graad, senere nedkom med et dødfødt Barn og døde nogen Tid efter under svære Lidelser.

Fra Onsdag den 10de Februar tog jeg Ophold i Møgeltønder for at være ved Haanden til snarest muligt at kunne tiltræde mit Embede paany. Torsdag den 11te Febr. tog jeg ind til Tønder og expederede alle Provstisagerne, som imidlertid var indkommen, og tilsagde Confirmanderne til at møde næste Lørdag. Da jeg kom ind til Byen, gik jeg ind til Pastor Carstens for at hente nogle Sager, jeg havde afleveret til ham ved min Bortrejse Søndag Aften. Han modtog mig paa allerhøfligste Maade, kastede sig selv paa Sophaen, medens han lod mig staa op og sagde: "Hvor vover De at komme her? Det suveræne Folk har erklæret at ville af med alle danske Embedsmænd, og Folket vil vide at sætte sin Vilje igjennem." Jeg svarede, at for en unavngiven Pøbelhob veg jeg ikke. Kom en navngiven Mand med Magt og tog Embedet paa sit Navn, vilde jeg vige for Magten, men før ikke. Jeg erindrede ogsaa Embedseden.

Da jeg kom tilbage til Møgeltønder, hvor imidlertid en Del danske Embedsmænd var indtrufne, hørte vi, at der snart kom preussisk Militær til Tønder, og der kom tillige Efterretning om Wrangels og Zedlitzes Proklamationer. Paa Grund af det slette Vejr kom Militæret, som var ventet Fredag Aften, først Lørdag Formiddag til Tønder. Lørdag Morgen tidlig holdt de fordrevne tønderske Embedsmænd et Møde i Møgeltønder, hvor vi enedes om at underkaste os de i Proklamationerne opstillede Betingelser. Lørdag Formiddag tog vi ind til Byen. Da jeg kom kjørende over Torvet, var hele det preussiske Regiment opstillet, og en stor Forsamling af Byens Folk var tilstede. Da man fik Øje paa mig, blev der frygtelig

Hujen og Støjen med Raabet "Hannemann heraus" og Hurra, man kastede med Snebolde og stimlede om Vognen. Jeg er vis paa, at dersom der ikke havde været Militær tilstede, havde jeg ikke faaet Lov at komme af Vognen, men var bleven tvungen til at forlade Byen. Den preussiske Øverstbefalende red imidlertid strax hen og skaffede Orden og talte Folk strengt til. Den første, som rørte Manden, vilde blive straffet, sagde han, og de var kommen som Venner, men gik man frem paa den Maade, kom de som Fjender. Pladsen foran min Bolig var opfyldt af Børn, men en af Borgerne kom strax og fik den ryddet. Da Amtmanden senere gik op at tale med den preussiske Major, berørte denne sidste denne Sag. Om Lørdagen læste jeg med Confirmanderne, som var mødte paa tvende nær. Den ene, en Søn af Raadstuetjeneren Mørup, var flygtet med sin Fader, den anden, en Søn af herredsfoged Cohn, blev borte nogle Gange, men kom igjen de sidste Gange og blev confirmeret med. Fra Lørdag d. 13de Februar havde jeg uafbrudt Ophold i Tønder med Undtagelse af, at jeg een Nat laa i Møgeltønder og længere hen gjorde et kort Besøg i Skast for at se til min Familie. Om Søndagen d. 14de prædikede jeg ikke, da Intet var bekjendtgjort derom, det vilde heller ikke være gaaet. Søndag Morgen drog Preusserne bort.

Mandag den 15de Febr. om Morgenen kom tvende Mænd, Tømmermester Kühn og Claus David og vilde hejse Oprørsflaget paa en af mig i min Have foran Huset privat oprejst Flagstang. Jeg gik naturligvis strax ned, talte dem alvorlig til og bød dem fjerne sig. Den ene sagde, at de var udsendte af Sikkerhedscomitéen. Jeg skar Touget over, saa de intet kunde gjøre, og da de var gaaede bort, lod jeg hente en Saug og saugede selv med en anden Mands Hjælp Flagstangen over, at de ikke skulde komme om Natten og hejse Flaget. Fra Pastor Carstens Hus, ud fra Taget vejede det oprørske Flag hele Dagen, ligesom han ogsaa senere, da der blev illumineret for den nye Borgmester, havde sin Bolig illumineret. Da Mændene var gaaede bort fra mig, hørte jeg senere, at de havde været hos Angel-Stein, men han havde ikke villet befale dem at gjøre det paany, da kjøbmand Todsen var borte. Mandag Eftermiddag kom der østerrigsk Indqvartering, et Par Compagnier Ungarer.

Amtmanden og jeg sendte d. 15de Februar vor

Underkastelse under Civilkommissæreren med Stafet til Flensborg, da der ikke gik Post, og Amtmanden rejste selv ned at tale med Zedlitz. Amtmanden bad bl. a. om Understøttelse til at indføre de forjagne Embedsmænd i deres Embeder igjen, men Zedlitz svarede, at det var ikke værd, da de maaske om kort Tid vilde blive fjernede igjen. Om et Par Dage skulde Tønder Provstis Forhold desuden blive ordnede. I den "verantwortliche Erklärung", som Kirkevisitatoriet (se nedenfor) senere maatte afgive med Hensyn til Aventoft, henviste vi til denne Besked fra Zedlitz.

Om Tirsdag Aften lod jeg anmelde dansk Prædiken til næste Søndag til Optagelse i Intelligentsbladet. I Ugens Løb fungerede jeg flere Gange dansk ved Berettelse [skriftemål ved dødsleje] og Begravelse.

Onsdag eller Torsdag Aften, d. 17de eller 18de, jeg erindrer ikke ganske nøje Dagen, Kl. mellem 7 og 8 hører jeg oppe paa mit Værelse en stærk Larm, der blev kastet Sten paa mine Vinduesskodder, og da jeg kom ned, var Oprørsfanen hejset og bunden paa en særskilt Stang til Stumpen af min Flagstang. En Kone, som kom til mig for at tale om sin Søn, som skulde confirmeres, havde seet en østerrigsk Officer med to Borgere sætte den op, og en lille Dreng havde seet østerrigske Soldater, vejledet af Værtshusholder Poulsen, kaste Sten paa mine Vinduer. Senere fik jeg at vide, at man havde seet Kjøbmand Angel-Stein gaa Arm i Arm med den drukne Officer over Torvet til Raadhuset. Jeg ilede strax over til Commandanten, Hauptmann v. Wenniger, hvem jeg traf i Selskab ved Thebordet. Han var mageløs forekommende, gik straks med mig, sagde i sin Dialekt, at hans Folk var det ikke, saadant gjorde Østerrigerne ikke ("meine Leute sind es nicht, solches thun die Oesterreicher nicht"), andre Folk maatte have laant deres klæder o. s. v. Han forhørte selv Vidnerne i min Bolig, og da jeg spurgte, hvad jeg skulde gjøre ved Fanen, svarede han, at jeg skulde tage og kaste den ned. Jeg lod den da kaste ud paa Pladsen. Øjeblikkelig derefter lod Commandanten blæse Allarm, hele Mandskabet blev samlet, de Skyldige udfunden og arresteret, og en Afdeling Soldater kom og hentede Fanen hos mig. Næste Dag var alle Faner forsvundne fra Husene, men Fanen fra min Have blev bunden til Posten paa Torvet. Saa kom Civilkommissærernes Anordning, der atter tillod Faneuvæsenet. Den østerrigske Officer skal være drukket fuld af Borgerne, som havde væddet med ham om en Flaske Champagne, at han ikke turde hejse Fanen hos mig. Sagen blev imidlertid tagen uhyre strengt. Officeren blev arresteret, og efter nogle Dages Forløb kom Brigadegeneralen Grev Gondrecourt selv ned til Tønder for at holde Forhør. Jeg blev kaldt op til ham, modtaget meget høfligt og gav de forlangte faktiske Oplysninger. Jeg fortalte, hvorledes man tvende Gange med Vold havde villet hejse Fanen hos mig, sagde, at jeg var dansk Embedsmand, kunde kun betragte Sagerne fra min Regerings Standpunkt og Intet gjøre eller lade ske ved mig, der stred mod Ed og Samvittighed. I hvad der var sket af Befolkningen, saae jeg kun Oprør. Jeg ønskede, at Militæret ikke blev straffet, da de var forførte, og de, der stod bagved, var mere skyldige. For mig selv ønskede jeg kun rolig at kunne blive i mit Embede, til jeg paa lovmæssig Maade blev afsat, saa veg jeg naturligvis strax for Magten, men jeg vilde ikke vige for Excesser, saa det skulde hedde, at jeg var flygtet. Jeg navngav Kühn og Claus David, som første Gang havde villet hejse Fanen, og som kunde give Oplysning om, hvem der havde sendt dem, fremdeles Martin Paulsen, der havde ført Soldaterne an, og Angel-Stein, der var en af

Oprørets Hoveder her. De kom i Forhør, og efter hvad der blev fortalt, blev de talt strengt til. Officeren blev for sit Forhold degraderet til Menig og Mandskabet straffet. – Samme Dag, da Østerrigerne havde gjort disse Optøjer, længere hen paa Aftenen, sendte Commandanten Bud til mig og lod mig tilbyde Sikkerhedsvagt, hvad jeg naturligvis afslog, da jeg, saalænge jeg fungerede som Præst, kun vilde have Guds Beskyttelse.

Over min danske Prædiken, som var bekendtgjort at skulle holdes næste Søndag d. 21de Februar, var der stor Bevægelse i Byen. Der gik Bud fra Dør til Dør hos det tyske Parti for at få det hindret. Programmet var, at man istedenfor at synge Psalmerne vilde synge "Schlesvig-Holstein" og saa ved Raab eller Magt faa mig ned af Prædikestolen. Det er fortalt mig, at en Bager Schmidt anmodede sin Dreng om at være med derved, men da denne, som for et Par Aar siden var confirmeret af mig, svarede, at han hellere vilde være med til at hjælpe til, at jeg kunde blive deroppe, svarede Mesteren: "Saa Du hører ogsaa med til de danske Kjæltringer". Hele Lørdag og Søndag Formiddag kom den ene Melding efter den anden til mig fra Venner og Halvvenner om, at jeg endelig ikke maatte prædike, men jeg gjorde det alligevel, og det gik godt. Der var mange Mennesker i kirke, især Fruentimmer, men ogsaa Mandfolk, deriblandt mange Tydske, som ellers ikke kom i Kirke. Da det kom til Stykket, turde man Intet gjøre. Nogle østerrigske Soldater, som var i Kirke for deres Andagts Skyld, havde sikkert bidraget meget til Ordenens Vedligeholdelse. Efter hvad der er sagt mig, havde Commandanten en Patrouille i Beredskab, hvis Noget skulde være sket. Jeg holdt en Bodsprædiken, i hvilken jeg berørte alt det Onde, der var kommen til Udbrud i disse Tider, og alle de Ulykker og den Nød, der var bragt over uskyldige Familier.

Nu da Isen var brudt, kunde jeg uhindret vedblive at fungere. Pastor Carstens kom op til mig om Tirsdagen og var nu ganske som før. Søndagen d. 28de Februar holdt jeg dansk Confirmation (17 Confirmander) og Altergang (57 Altergjæster). Kirken var helt fuld af Mennesker. Ogsaa *de* tvende Søndage, paa hvilke jeg endnu holdt dansk Prædiken d. 6te og d. 20de Marts, var kirken godt besøgt, medens den tydske Gudstjeneste hos Pastor Carstens var særdeles slet besøgt. Søndag den 13de Marts var jeg ved Sygdom forhindret i at prædike.

Den 25. Februar lod jeg min familie hente tilbage fra Skast, og Alt gik nu sin gamle Gang. Byrden af Indqvartering trykkede lidt, da vi stedse fik flere, tilsidst 7, men saalænge Ungarerne laa i Byen, følte vi os trygge og beskyttede.

Da jeg selv havde begyndt med dansk Gudstjenesle, lod jeg ogsaa Skolerne begynde paany af de lærere, som var i Byen. Lærer Rosendahl, som var flygtet, vendte tilbage, og ogsaa han begyndte paany. Det var naturligvis mest dansksindede Folks Børn, der besøgte Skolen; hos de Andre viste der sig en stor Demoralisation. Den, som har gjennemlevet denne Tid, vil have erfaret det, hvorledes Oprørsaand gjennemtrænger og besmitter hele Samfundslivet fra det Største til det Mindste som en ødelæggende Gift. En stærkt fremtrædende Modsætning er der imellem de danske Sogne paa den ene Side og de tyske og blandede paa den anden, idet Uvæsenet har fundet sin Grænse overalt, hvor det Danske begynder. Et Par Værtshusholdere, der have taget overordentlig fremtrædende Del i Begivenhederne, Weber paa Stadt Hamburg og Lohmann paa Storms Dandsebod, skulle flere Gange have haft Børnene samlede for at instruere dem og lære dem Oprørssangen.

De Løfter, som var givne i Civilcommissærernes Proklamation, viste sig snart at være tomt Spilfægteri, den ene Embedsmand afsattes efter den anden, først Cancelliraad Holm, saa Herredsfogederne, saa Amtmanden, og jeg kunde vente, at Touren snart vilde komme til mig. Man følte sig naturligvis bestandig mere ensom, jo Flere der gik bort, og for mig personlig var det navnlig et haardt Stød, da Amtmanden blev entlediget [afskediget]. Jeg ansaa det imidlertid for min Pligt ikke at gjøre Noget for at fremskynde min Skjæbne, men at lade Sagerne udvikle sig af sig selv.

Af de nyansatte Embedsmænd havde ikke en Eneste hilst paa nogen Dansk, men Amtmanden gjorde her en Undtagelse. Et Par Timer efter at Amtmanden (Grev Brockenhuus-Schack) var rejst, Torsdag d. 17de Marts om Morgenen, kom Etatsraad de Fontenay ud at hilse paa mig. Han var særdeles høflig, men hans sande Tænkemaade var let at gjennemskue. Som et lille oplysende Træk tør jeg meddele Følgende. Greven havde bedt ham lade Amtstjeneren blive i sin Stilling, han var en dansk Mand, vilde naturligvis ikke gaa ind paa Noget, der stred mod hans Samvittighed, f. Ex. at bære den slesvig-holstenske Kokarde, men han var paalidelig i sin Gerning og vilde jo ellers blive brødløs. Hans Stilling havde heller ikke mindste politiske Betydning. Fontenay lod til at ville beholde ham, og næste Dag sagde han det selv proprio motu (af egen Drift) til Greven, at der Intet vilde være ivejen. Men da saa Amtstjeneren kom hen til ham om Eftermiddagen, sagde han til ham, at selv havde han aflagt Ed til Hertugen og vilde kun have Folk om sig, der havde aflagt Ed til denne.

Hos mig var Fontenay særdeles høflig, og jeg talte aabent med ham. Jeg sagde, hvad jeg kunde gaa ind paa som Betingelse for at fungere, at de danske Sogne blev ukrænkede, med dansk Expedition af Sagerne, derimod vilde jeg finde mig i, at der i de blandede Sogne eventuelt og interimistisk kom mere Tydsk i Skolerne, naar det danske Kirkesprog ikke antastedes. Folkesproget var dansk og derfor maatte Skolesproget efter protestantisk Grundsætning ogsaa hovedsagelig være det. Han spurgte, om jeg ønskede at gaa af. Jeg svarede, at *naar* jeg ikke kunde blive, ønskede jeg snarest muligt min Afsked, men det var min Pligt at blive, saalænge jeg kunde, og jeg vilde Intet gjøre for at fremskynde min Afsked. Han spurgte et Par Gange, om han skulde indberette til Civilkommissærerne, at jeg ønskede at gaa af, hvad jeg afslog. Jeg tilbød, hvis man ønskede mig fjernet som Provst, at blive som dansk Præst, men det, mente han, kunde der ikke være Tale om. Ved min senere Visit hos ham tilbød han, alene at underskrive Sager, som maaske var mig ubehagelige, men jeg svarede, at saalænge jeg var i Funktion, vilde jeg underskrive. Det var imidlertid kun faa løbende Sager, jeg kom til at expedere.

Fra Civilkommissærerne var der, medens Greven og jeg fungerede, sendt os til Betænkning flere Sager, deriblandt om Udnævnelsen af Rektor Schmidt til Hovedpræst i Læk og om Andragende fra tre Sogne (Brarup, Sønderløgum og Humtrup) om Indførelse af tydsk Kirke- og Skolesprog. Vi afgav vor Betænkning overensstemmende med Sandheden, gjorde opmærksom paa, at i Læk var der ingen Hovedpræst, at Folkesproget der for største Delen var dansk, og at

Hr. Schmidt var os ganske ubekjendt. For de andre Sogne indstillede vi indtrængende, at den gamle Ordning maatte blive opretholdt som den ene retfærdige, men eventuelt, hvis der skulde ske en Forandring, at der saa kom mere Tydsk i Skolen, medens dog Dansk blev det overvejende Undervisningssprog. Efter den Aand, hvori Sagerne nu skulde gaa, kunde denne Betragtningsmaade jo ikke trænge igjennem, og det var mig derfor utvivlsomt, at min Afsked vilde følge kort efter Grevens. Det skete ogsaa, og den kom paa en Maade hurtigere end jeg havde tænkt. Stillingen var imidlertid bleven bestandig pinligere for mig. Civilkommissærerne indhentede kun Betænkning om enkelte Sager, i flere kom der Resolution blot baseret paa, at En eller Flere havde været nede og hvisket dem noget i Ørene. Deputationer fra Sognene om Afskaffelse af alt dansk fandt aabent Øre, og de Skridt, der foretoges for tilsyneladende at hævde den danske Befolknings Ret, var kun tomt Skin. I Tønder By havde Magistraten efter Ordre fra Civilkommissærerne foranlediget Afstemning, om man ønskede tydsk eller dansk Skolesprog, og Lister var fremlagte, hvorpaa man kunde tegne sig. Efter en

Del Forhandlinger besluttede den danske Del af Befolkningen at holde sig tilbage fra Afstemningen. Dels var denne ingenlunde fri, da den skete under preussiske Bajonetter, – Østrigerne var nemlig afløste af Preussere, og en kjendelig Forskjel var nu indtraadt for de Danske; Preusserne sympatiserede ganske anderledes med Oprøret, og medens f. Ex. de østerrigske Officerer holdt sig endel tilbage, tog de preussiske ud og besøgte Hovedet for Oprøret, Hertugens Agent Frøhlich paa Ellehus, – dels kunde man ikke anerkende en saadan Afstemning for lovlig, og selv om flere danske Stemmer meldte sig, vilde det Intet hjælpe. Under det nærværende Tryk var det ogsaa lettest at faa Enighed om ikke at stemme, medens i det andet Tilfælde Flere af Frygt vilde undlade at stemme. De Danske afholdt sig derfor fra at stemme. Enkelte danske Smaafolk skræmmedes til at skrive under for Tydsk, ved hvilken Sag Joh. Pet. Poulsen [Hjort skriver navnet: Paulsen] og Kjøbmand Jensen især havde udfoldet stor Virksomhed. Blandt dem, som have underskrevet for Tydsk er Canc. Cohn, Thingskriver Jessen, Raadmand Jacobsen, Amtsportner Christiansen. Et Andragende om udelukkende tydsk Skolesprog er nu indgivet til

Civilkommissærerne. Raadmand Diemer, der ikke en eneste Gang har haft Oprørsfanen ude eller illumineret, har i denne Anledning taget sin Afsked som Raadmand. Der var allerede tidligere føjet to nye Raadmænd (Kjøbm. Todsen og Jernkræmmer Feddersen) til de tvende tidligere, og en ny bliver nu at udnævne i hans Sted. Magistraten tilskrev derefter Skolelærerne i Byen, om de var villige til at undervise paa Tydsk, og om de kunde skaffe tilstrækkelige Vidnesbyrd for deres Dygtighed hertil. I Skrivelsen til Lærer Hagerup, som jeg har seet, stod der, at han skulde "persönlich" bevise det, men det var med Borgmesterens Haand rettet til "gehörig" [*her nærmest:* man skulle forhøre sig hos andre om hans kvalifikationer]. Lærer Haue derimod blev kaldt op til Pastor Carstens og personlig prøvet. Da han var en født Slesviger, vilde man fare lidt mildt med ham. Han skulde foreløbig foruden Contorforretningerne overtage Undervisning i Sang og i de danske Timer, – man vilde nemlig beholde 4 Timer Dansk ugentlig, skjønt Angel-Stein fandt, at det var for meget, – og saa imidlertid perfektionere sig i Tydsk, en Hjælpelærer skulde da imidlertid besørge hans Classe. Rosendahl fjernedes uden videre, Appel mente man ligeledes at kunne entledige [afskedige] uden Pension, da der skulde være en Formfejl ved hans Valg, som Pastor Carstens havde opdaget, og Tychsen derimod gik ind paa at blive. Jespersen fik Paalæg om at fungere eller holde en Hjælpelærer, da hans Pension ellers skulde falde bort, ligeledes Degnen Clausen. Jespersen vil holde en Præparant, Degnen Clausen ansøger derimod om sin Afsked.

Det næste Skridt var, at Realskolen og Frøken Sørensens Institut lukkedes. Pastor Carstens gjorde nemlig gjældende, at de i sin Tid var oprettede, uden at Skolecollegiet var hørt, og paa Grund af denne Formfejl var de ikke berettiget til at existere. Candidat Branth har nu ansøgt Magistraten om Tilladelse for Skolen til at blive ved; afslaas det, som rimeligt er, vil han gaa til Civilkommissærerne med sit Andragende. Selv havde jeg nedskrevet en Indstilling om denne Sag til Civilkommissærerne, men da min Entledigelse [afskedigelse] kom, førend Brevet var afsendt, ansaa jeg det for rettest at holde Brevet tilbage.

Som charakteristisk for Tilstanden i Tønder anfører jeg endnu, at der ved Festen paa den preussiske

Konges Fødselsdag blev opsat følgende Inskription med en Krone over paa Tønder Raadhus: "Heil unserem König Wilhelm I". Den stod der endnu Langfredag, flere Dage efter, at Soldaterne var trukne bort.

Jeg havde allerede ansat mine Prædikener til Paaskeugen og deriblandt ansat Altergang til Skærtorsdag, hvortil flere havde meldt sig. Men Tirsdag d. 22de Marts modtog jeg Skrivelse fra Civilkommissærerne, at jeg var entlediget [afskediget] som Provst og Hovedpræst, og at jeg skulde aflevere Embedssagerne til Pastor Carstens, der var udnævnt til min Eftermand i begge Embeder.

Jeg modtog en Time efter Brev fra Pastor Carstens, naar det var mig belejligt at aflevere Archivet, Embedsbøgerne o. s. v., og jeg afleverede det da samme Dag. Jeg flyttede nu alt mit Tøj bort fra Embedsboligen hen til en kjøbmand i Byen, afgjorde Langfredag Middag med min Eftermand, hvad der endnu stod tilbage og afrejste derpaa med min Familie Langfredag Aften fra Byen. Ved vor Bortrejse vistes der os megen Deltagelse fra den danske Menighed, og ikke Faa havde samlet sig for at sige os Farvel.

Saavidt om Tønder By.

--------

Hvad de andre Sogne i Provstiet angaar, da bemærker jeg i Almindelighed, at der i det Hele taget i de danske Sogne, hvor der er dansksindede Præster, Intetsomhelst er skeet, hvorved Roligheden er blevet forstyrret, og Stemningen har været en saadan, at Urostifterne, om de end havde paatænkt noget, dog ikke have vovet at bringe det til Udførelse. Derimod har det været anderledes i de blandede Sogne og i et Par tydske Sogne, hvor loyale Præster har været ansatte, og det oprørske Sind hos endel af Befolkningen, ophidset ved Agitationen sydfra og støttet ved oprørske lejede Bander, har her givet sig Luft paa mange Maader. Efter hvad der er kommet til min Kundskab, bemærker jeg om de enkelte Sogne Følgende:

## Dedsbøl
Her har Pastor Petersen maattet udstaa meget og er

sandsynlig den Præst, der har lidt mest i Tønder Provsti. Han var for ikke lang Tid siden bleven gift med en Datter af Pastor Bøving i Egtved Norden for Kolding og havde i den Anledning faaet sit Hus nyt indrettet. Hans Kone var paa Grund af Familieforhold og Tidernes Tryk i Besøg hos sine Forældre. En Skare Frisere fra Nybøl trængte, saavidt jeg veed, om Søndagen d. 7de Februar ind i Præstegaarden og forlangte, at han skulde udlevere den Dannebrogsfane, hvoraf han var i Besiddelse. Pastor Petersen gav sig til at lede efter den, men da han ikke kunde finde den, troede de, han vilde skjule den, og begyndte nu at husere i Huset og mishandle Præsten. De trak i ham, stødte ham fra det ene Sted til det andet, afsved hans Haar med et Lys og truede med at sætte ham i Sprøjtehuset. Dedsbøllerne kom nu Præsten til Hjælp, men var ikke mandsstærke nok. Præsten slap ind til Degnen og kom saaledes uskadt bort. Dannebrogsfanen blev lykkelig reddet og indpakket paa Bunden af hans store Kuffert, og Pastor Petersens Søster stillede Folket tilfreds ved at sige, at hun havde brændt den. En begyndt Plyndring af Huset hindredes af Dedsbøllerne. Pastor Petersens Søster, som senere har været hos mig i Tønder, har fortalt mig, at det stod grueligt til i Huset. De havde slaaet nye Møbler istykker, brudt Skabe og Gjemmer op og spredt Indholdet over Gulvet. Alle Syltekrukker var ituslagne og Indholdet hældt ud over Trapper og Gulve. Fru Petersens Brudekrands og Brudekjole var kastet ud paa Gulvet, ligeledes Linned og Dækketøj; en Sølvtheske blev funden i Sneen udenfor Huset. – Pastor Petersen opholder sig for Tiden i Egtved Præstegaard, og det vilde være ønskeligt, om den Understøttelse, der ydes de fordrevne Præster, kunde blive tilstillet ham der.

**Enge**
Pastor Groths Optræden her har i den senere Tid stedse mere været i dansk Retning, og han er derfor bleven betragtet med mistænksomme Øjne. Ved en Auktion i Læk, hvor mange Mennesker var forsamlede, og hvor Præsterne i Kjær Herred blev opraabte, om de skulde blive eller ikke, var der megen Stemning imod ham, og det hed sig, at man ikke vilde taale, at han prædikede i Vakancen i Læk.

**Stedesand**
Her er det gaaet ud over Skolelærer Behmerwold

[Hjort skriver navnet: Bohmerwold] i Vester Snattebøl. Han er født i Ditmarsken og havde i længere Tid ligget i Strid med et Par ansete Mænd i Sognet, som have klaget over ham til Kirkevisitoriet. Klagerne blev dog ikke befundne begrundede. Nu benyttede de Lejligheden, og en vis Feddersen tilligemed tvende andre Mænd henvendte sig til ham og forlangte, at han skulde underskrive en Revers [skriftlig forpligtelse], da han i modsat Fald vilde blive smidt ud med Kone og Børn og Tøj. Han underskrev nu en Revers [skriftlig forpligtelse], hvorved han frasagde sig Embedet mod at beholde Indtægterne til 1. April. En Hjælpelærer indsattes strax i Mellemtiden paa Distriktets Bekostning.

**Læk**
Her blev Pastor Riis-Lowsons Hus angrebet af en Folkestimmel Natten mellem Lørdag og Søndag, 6.-7. Februar, som to Gange søgte at sprænge Døren uden dog at komme ind. Riis-Lowson maatte flygte bagud gjennem Naboens Hus og kom alene til Tønder Søndag Morgen uden at have faaet det mindste med sig. Hans Kone og Børn, som kom senere op ad Dagen, var i høj Grad blevne fortrædigede og

generede af den raa Pøbelsværm. Senere op ad Dagen kom en stor Skare, anførte af Funke paa Fresenhavn, og afsatte de verdslige Embedsmænd samt Pastor Jacobsen, Kirkeværge Kai Hansen og Sognefoged Nissen. Et stort Parti i Læk vilde beholde de verdslige Embedsmænd, som var meget yndede, og tilbød at gjøre Skridt i den Retning, hvilket dog ikke blev modtaget. Degnen blev intimideret til at indføre Tydsk i Skolen, til at synge for ved Proklamationen, og senere skal han have udført Begravelser i Sognet, indtil en ny Præst kom.

Skolelærer Holst i Øster Snattebøl lod sig af Beboerne tvinge til at underskrive en Revers [skriftlig forpligtelse], hvorved han frasagde sig sit Embede mod at beholde Bolig og Indtægter til 1. Maj. En Hjælpelærer udfører Funktionerne.

Skolelærer Karstensen [Hjort skriver navnet: Carstensen] fra Stadum, en flink og tro Mand, har været hos mig og spurgt, hvad han skulde gjøre. De Fleste i Distriktet var ikke ildesindede, men derimod de nærmestboende og største Mænd, som forlangte Tydsk. Jeg sagde, at han skulde se at komme ud af det ved at indrømme noget, naar det ikke kunde være anderledes, men staa imod saalænge som muligt og kun fire tommevis.

**Medelby**

Nogle Rygter, som er komne mig for Øre, om hvad der skulde være skeet her, har jeg fuldkommen Grund til at anse for overdrevne og upaalidelige. Jeg har haft fire Breve fra Præsten, har talt med Pastor Mynster, som har været der i Besøg og igjen haft Besøg af Præsten der, og endelig har Seminaristen, som besørgede mig et Brev derud, bragt mig mundtlig Besked.

Der er blevet fortalt mig, at Oprørsfanen blev hængt ud fra Kirken, men strax taget ned og slængt hen i den Mands Møddingpøl, der havde ophængt den. Dersom Skolelærerne have, som det fortælles, begyndt med at indføre eller lære mere Tydsk, er det strax gaaet tilbage. Den danske Gudstjeneste besørges som sædvanligt, og efter Brev til mig fra Pastor Christiansen gaar Alt i Skolerne paa den gamle Maade. Et Besøg hos mig af Præsten, som var paa Vejen, blev hindret ved det stærke Snefog.

Skolelærer Berendsen i Vesby skal have ført sig meget slet op. Han har været nede i Vestre i Ladelund Sogn, til en Forsamling af Bymændene der og agiteret stærkt og blandt andet sagt, at de roligt kunde jage Præst og Degn væk og gjøre Alt, hvad de fandt for godt, hvordan Enden end blev, vilde det gaa som sidst, at der blev givet Amnesti for Alt. Hans Mening er at blive Degn i Ladelund.

**Ladelund**
Her har Præsten forholdt sig særdeles hæderligt og trofast. Ved en Ligprædiken (tydsk) d. 8de eller 9de Februar skete der Skandale i Kirken, idet nogle Folk begyndte støjende at forlade Kirken, da Præsten læste Kirkebønnen. Han talte dem alvorligt til, og Resten blev i Kirken, og der blev stille. Senere er der tidt om Natten skeet Spektakler af fulde Folk i Pastor Mynsters Have, som have kastet Sten paa Pastoratets Vinduesskodder og skræmmet Pastor Mynsters højtfrugtsommelige Kone. Pastor Mynsters Kone og Børn var i kort Tid bortrejste efter d. 7de, men vendte snart tilbage.

Degnen Koch har forholdt sig meget brav, de andre Skolelærere upaaklageligt. Præsten har været dem en stor Støtte.

## Klægsbøl
Herfra har jeg ikke nøjagtige Efterretninger om, hvorledes det er gaaet til med Præstens Afrejse. Det er imidlertid det værste Sogn i Provstiet, og jeg anseer det for umuligt, at Præsten kunde være bleven der. Degnen blev ogsaa forjaget, men vendte tilbage efter Aftale med mig. Et Par af de anseteste Mænd i Sognet, Formænd for Oprøret der, kom senere til mig for at faa en Forandring i Vakanceturnussen med Hensyn til Confirmationen. Jeg talte dem alvorligt til og lagde dem deres Ansvar og det eventuelle Regnskab paa Samvittigheden. Jeg sagde bl. a., at jeg ikke kunde forstaa, hvorledes de nu, da alt gik efter deres Ønske, vilde gaa frem paa denne tumultuariske Maade istedenfor roligt at afvente Begivenhedernes Gang. De svarede, at da de saalænge havde levet under Tryk, var det intet Under, at Folket nu slog sig løs. Da jeg indskærpede dem, at Skole- og Kirkesprog maatte være som det danske Folkesprog, svarede de, at de havde højtydsk til Hussprog. Samtalen førtes paa

45

Dansk, som de talte med største Correkthed, medens Ingen der taler ordentlig Tydsk.

## Brarup
Degn Haderup, som er en klog Mand, og Skolelærer Hansen i Ophusum have ført sig bravt og mønsterværdigt op. Sognefoged Lorenzen ligesaa. Ved Indhentning af Oplysninger om Sprogforholdet i Husene blev der for Brarup angivet, at det næsten i alle Familier var dansk. Men dog stemte de næsten alle for tydsk Kirke- og Skolesprog.

## Karlum
Pastor Brask blev her af en Del af Menigheden opfordret til at forlade Sognet. Han svarede, at det var let sagt at rejse, men man kunde ikke rejse uden at have Rejsepenge. De spurgte ham, hvad han fordrede, og han svarede: 300 Rdl. En Mand i Sognet forstrakte ham efter nogen Underhandling med 100 Rdl. Præsten sagde ved Afskeden, at han rejste paa Sognets Bekostning og kom nok igjen. Da Kirkevisitatoriet var vendt tilbage, kom Pastor Brask ogsaa og fik af Kirkevisitatoriet et skriftligt Vidnesbyrd om, at han havde underkastet sig Civilkommissærernes

Myndighed, men er i alle Fattig- og Skolesager samt Sognsmøder bleven ignoreret og betragtet som ikke tilstedeværende.

Degn Brodersen har ført sig særdeles slet op og har strax paa egen Haand gjort Alt tydsk. Da han kom ind til mig, meddelte jeg ham en alvorlig Irettesættelse over hans Forhold, hvilket efter Pastor Brasks Meddelelse havde tilfølge, at da han kom hjem til Sognet, holdt han en Forsamling for at faa Beboerne til hos Civilkommissærerne at andrage om min Entledigelse [afskedigelse] som Provst. Sognefoged Detlefsen har vist sig som en brav og tro Mand.

## Sønderløgum
Pastor Reimuth har et stort Parti for sig i Sognet, saa at ved en Forsamling af Sognemændene i Kroen, hvor der blev stemt, om man skulde beholde Præsten eller ikke, en stor Mængde erklærede sig for ham. Paa Fleres Raad forlod Pastor Reimuth Sognet, da Stormen brød løs, men vendte snart tilbage med Skrivelse fra Visitatoriet og har siden den Tid fungeret uafbrudt. Af Confirmanderne blev 20 confirmerede paa Dansk og 5 paa Tydsk. Som Skoleinspektør er han

ophørt at fungere, da Degnen paa egen Haand har indført Tydsk.

Degn Konstmann [Hjort skriver navnet: Korstmann] har, uden at indhente Tilladelse, gjort Alting tydsk i Overklassen. I Elementærklassen, hvor en ny Lærer blev ansat af Kirkevisitatoriet, var efter Lærerens Beretning Undervisningen endnu dansk. I Vimmersbøl Biskole flygtede Læreren [Nydahl], og en ny Lærer, en Seminarist Thomsen fra Tønder Seminarium, en ivrig Agitator, ansattes som Lærer af Interessenterne og gjorde Alt tydsk. Han har stiftet en Forening i Byen, Concordia-Verein, i hvilken alle Medlemmer forpligte sig til kun at tale Tydsk og at erlægge en Mulkt [bøde] for hvert dansk Ord, de sige.

**Humtrup**
Herfra er mig intet Nærmere bekjendt. Jeg havde ventet, at Præsten sandhedskjærligt i den forlangte Indberetning vilde have angivet Hussproget som dansk for de fleste Beboere i Sognet, men han har opgivet det som "gemischt". Degnen Böhm [Hjort skriver navnet: Bøhm] har altid indtaget en tvetydig Holdning.

## Aventoft

Pastor Berggreen forlod her Menigheden og drog til Møgeltønder, foranlediget ved Frygt for Voldsgjerninger fra de frisiske Sogne. Fra Sognet selv, hvor han var afholdt, er Intet skeet, og jeg troer, at han vilde have kunnet have holdt sig. Senere forlod han Embedet og rejste til Kjøbenhavn uden Meddelelse til Kirkevisitatoriet. En privat Meddelelse om, at Embedet stod forladt, sandsynligvis skeet mundtlig eller skriftlig af Pastor Göttge [Hjort skriver navnet: Gøttge] til Civilkommissærerne, paadrog Kirkevisitatoriet Afgivelsen af "eine verantwortliche Erklärung".

Degn Johannsen har ført sig slet op og gjort Alting tydsk. Skolelærer Jensen i Rosenkrands, en brav og paalidelig Mand, fik af tre Mænd, som indfandt sig paa Skolen, Mølleren paa Fiskerhus Mølle, dennes Broder samt E. Volquardsen [Hjort skriver navnet: Volqvardsen], Tilhold om at drage bort, da de ellers vilde fjerne ham. Han rejste, og de overdrog nu Skolen (Alt tydsk) til en Seminarist Rasmussen, fra Tønder Seminarium.

## Nykirke

Her blev Pastor Sodemann skræmmet op om Natten af 7 Karle, bevæbnede med Pigstokke, som kom med forskjellige Forlangender og Trudsler. Senere forlod Pastor Sodemann med sin Kone paa en farefuld og besværlig Maade Embedet og drog til Møgeltønder. Dagen efter fik han Brev fra en anseet Mand i Sognet om at vende tilbage og indlod sig i Forhandlinger med Collegiet, men mente dog ikke at finde den Stemning og Understøttelse, som var nødvendig for paany at kunne fungere. Flere af Sognet have udtalt deres Sorg for mig, at de skulde af med en saa dygtig Præst, hvis Lige de neppe vilde faae. Sognet selv har nu indkaldt den gamle Pastor Jacobsen, en Mand, der har været to Gange apoplektisk, taler med en Stemme som et Barn, og som i aandelig Henseende maa anses for aldeles uqvalificeret til at beklæde gejstligt Embede.

Degn Nissen i Nykirke og Skolelærer Petersen i Hesbøl have ført sig særdeles slet op, paa enhver Maade støttet Oprøret og agiteret mod Præsten.

## Udbjerg

Det danske Skolesprog her var opretholdt til min Afrejse, og ved en eventuel Afstemning vil sandsynligvis Flertallet i Sæd stemme for det. Skolelærer Jenssen [Hjort skriver navnet: Jensen] og Degn Kristensen have forholdt sig bravt. Jenssen er en af de mest udprægede Danske blandt Provstiets Skolelærere.

## Abild

Her har været en Forsamling af oprørske Beboere med Valg af en Deputation til Hertugen og Sammenskud af Penge (300 Mark Courant) til Dækning af Udgifterne. Deputationen kom imidlertid kun til Rendsborg, da Medlemmerne paa een nær vendte tilbage af Frygt for Noget, der skulde underskrives.

Degnen og Skolelærerne ere brave danske Folk. Degn Hørlyck [Hjort skriver navnet: Hørlyk] kunde fortjene at hædres med Dannebrogskorset.

## Emmerske

Uagtet Pastor Carstens Agitationer har Befolkningen holdt sig trofast. En Mand af Sognet (Peter Bohsen) kom endog i stor Bevægelse til mig, fordi Pastor Carstens havde villet bevise ham, at Christian d. 9. ingen Ret havde til Slesvig. Degnen Vilsen har ført sig særdeles trofast og hæderligt op. Langfredag Morgen kom en Mand til mig fra Emmerske, sendt fra Sognet, med Tilbud om, at man vilde sende en Deputation for at bede om at beholde mig som dansk Præst, hvad jeg naturligvis af flere Grunde ikke kunde gaa ind paa.

## Tinglev

Enkelte Beboere have her af Skolelærerne forlangt tydsk Skolesprog, men disse, som have henvendt sig til mig, have svaret, at før der kom Befaling fra oven, kunde de Intet gjøre, og i hvert Fald vilde de selv intet gjøre uden Ordre fra Præsten som deres nærmeste Foresatte.

## Højst

En Deputation herfra hos den oprørske Amtmand har bedet om at beholde deres Præst, med hvem Sognet var godt tilfreds.

## Ravsted

Pastor Meyer [Hjort skriver navnet: Meier], som er

syg, havde bedt Pastor Høgsbro prædike en Søndag, men Lørdag Aften sendte han Afbud, idet han meddelte, at flere Mænd i Byen havde erklæret, at de ingen dansk Præst vilde høre, da de isaafald vilde dekorere Kirken med Oprørsflag. Det talrigere danske Parti har derimod senere sagt, at de nok skulde sørge for Orden. Pastor Høgsbro udeblev naturligvis.

## Burkal og Bylderup

Om disse Sogne, hvor der er udpræget danske Præster, der nyder Anseelse i Menigheden, kan jeg Intet meddele, da jeg Intet veed. Det er blevet mig fortalt, at den oprørske Amtmand i privat Samtale med en Mand (Momsen) fra Højst [Hjort skriver sognet: Høist], hvem han havde udspurgt om Præsterne, har sagt, at flere Klager var indkomne fra Mænd i Burkal Sogn. Præsterne sidde imidlertid endnu uanfægtede.

## Hostrup

Her er det gaaet særdeles godt. Der kom Trudsler om, at hvis Sognet ikke selv vilde, skulde man nok, andetstedsfra faa Præsten jaget bort, men Beboerne svarede, at saa maatte de komme idetmindste over 50 Mand stærke, thi ellers skulde de nok faa Bugt med dem. I Byerne lod de gaa Nattevagt i de mest bevægede Dage for strax at kunne kalde Folk sammen.

## Løgumkloster

En Deputation af sex dansksindede Mænd herfra har været inde hos den oprørske Amtmand for at bede om at maatte beholde de danske Embedsmænd.

I *andre Sogne* er der intet Særegent kommen til min Kundskab.

Om *Øerne* veed jeg heller intet Bestemt. Det var ønskeligt, om en paalidelig Mand kunde blive constitueret som Hovedpræst i St. Johannis paa Før.

Idet jeg slutter denne Indberetning, udtaler jeg det som min Overbevisning, at hele den nye Tingenes Tilstand, som nu er indført eller vil blive indført i Mellemslesvig, for Tønder Provstis vedkommende hviler paa et saadant Væv af Usandhed og Uretfærdighed og saa lidet svarer til Befolkningens sande Tarv, at det ikke kan være Andet, end at en længere Vedbliven af den hos Flertallet maa vække en levende Følelse af det Tryk, hvorunder de lide, og en inderlig Længsel efter at komme tilbage til den gode Tilstand, hvori de befandt sig under det danske Regimente. Mange Udtalelser i denne Aand ere skete til mig fra de forskjelligste Sider.

# Stednavne

*Stednavnene følger provst Hjorts retskrivning. Årstallene refererer til fredsslutningen efter 2. slesvigske krig i 1864 og afstemningen efter 1. verdenskrig i 1920 om delingen af det siden 1864 tyske Schleswig. Bymæssige bebyggelser, bortset fra købstæder, er beskrevet som "by" uanset om der er tale om landsby eller by, spredte bebyggelser er beskrevet som "bebyggelse"*

Abild – 5
> *By og sogn i Tønder herred, siden 1920 i det nuværende Sønderjylland*

Aventoft – 24, 49
> *By og sogn i Viding herred, siden 1864 i det nuværende Sydslesvig (Tyskland)*

Brarup – 32, 46
> *Tysk: Braderup. By og sogn i Kær herred, siden 1864 i det nuværende Sydslesvig (Tyskland)*

Burkal – 53
> *By og sogn i Slogs herred, siden 1920 i det nuværende Sønderjylland*

Bylderup – 53
> *By og sogn i Slogs herred, siden 1920 i det nuværende Sønderjylland*

Dannevirke – 10, 14

*Dansk fæstningsværk liggende mellem fjorden Slien og marskområderne ved floderne Trenen og Ejderen, siden 1864 i det nuværende Sydslesvig (Tyskland)*

Dedsbøl – 38

*Tysk: Deezböll. By og sogn i Bøking herred, siden 1864 i det nuværende Sydslesvig (Tyskland)*

Ditmarsken – 41

*Tysk: Dithmarschen. Marsklandskab mellem floderne Ejderen og Elben, siden 1864 i det nuværende Holsten (Tyskland)*

Egtved – 39, 40

*By og sogn i Jerlev herred, i den nuværende Vejle kommune*

Ellehus – 20, 34

*Bebyggelse nordøst for Tønder, siden 1920 i det nuværende Sønderjylland*

Emmerske – 51, 52

*Bebyggelse og sogn i Tønder, Højer og Lø herreder, siden 1920 i det nuværende Sønderjylland*

Enge – 40

*By og sogn i Kær herred, siden 1864 i det nuværende Sydslesvig (Tyskland)*

Fiskerhus Mølle – 49

*Bebyggelse i Aventoft sogn i Viding herred, siden 1864 i det nuværende Sydslesvig (Tyskland)*

Flensborg – 24

*Tysk: Flensburg. Købstad i Slesvig, siden 1864 i det nuværende Sydslesvig (Tyskland)*

Frederiksstad – 16

*Tysk: Friedrichstadt. By i Slesvig, siden 1864 i det nuværende Sydslesvig (Tyskland)*

Fresenhavn – 42

*Tysk: Fresenhagen. Gård i Læk sogn, siden 1864 i det nuværende Sydslesvig (Tyskland)*

Før – 54

*Tysk: Föhr. Nordfrisisk ø i Viding og Lø herreder, siden 1864 i det nuværende Sydslesvig (Tyskland)*

Hertugdømmet Slesvig – 14

*Del af hertugdømmet Slesvig-Holsten, fra 1864 til 1920 del af Tyskland, siden 1920 delt i det nuværende Sønderjylland og Sydslesvig (Tyskland)*

Hesbøl – 50

*Bebyggelse i Nykirke sogn i Viding herred, siden 1864 i det nuværende Sydslesvig (Tyskland)*

Hostrup – 53

*By og sogn i Slogs herred, siden 1920 i det nuværende Sønderjylland*

Humtrup – 32

*Tysk: Humptrup. By og sogn i Kær herred, siden 1864 i det nuværende Sydslesvig (Tyskland)*

Humtrup (2)

Høist – 53

*Ældre skrivemåde for Højst. By og sogn i Slogs herred, siden 1920 i det nuværende Sønderjylland*

Højer – 17

*By og sogn i Højer herred, siden 1920 i det nuværende Sønderjylland*

Højst – 52, 53

*By og sogn i Slogs herred, siden 1920 i det nuværende Sønderjylland*

Karlum – 46

*By og sogn i Kær herred, siden 1864 i det nuværende Sydslesvig (Tyskland)*

Mellemslesvig – 54

*Før 1864 den mellemste del, hvori bl.a. Tønder provsti lå, af hertugdømmet Slesvig. Siden 1864 og igen efter folkeafstemningen i 1920 del af det nuværende Sydslesvig (Tyskland)*

Møgeltønder – 20, 21, 22, 49, 50

*By og sogn i Møgeltønder herred, siden 1920 i det nuværende Sønderjylland*

Nybøl – 16, 39

*Tysk: Niebüll. By og sogn i Bøking herred, siden 1864 i det nuværende Sydslesvig (Tyskland)*

Nykirke – 50

*Tysk: Neukirchen. By og sogn i Viding herred, siden 1864 i det nuværende Sydslesvig (Tyskland)*

Ophusum – 46

*Tysk: Uphusum. By i Brarup sogn i Kær herred, siden 1864 i det nuværende Sydslesvig (Tyskland)*

Ravsted – 52

*By og sogn i Slogs herred, siden 1920 i det nuværende Sønderjylland*

Rendsborg – 51

*Tysk: Rendsburg. By på grænsen mellem hertug-*
*dømmerne Slesvig og Holsten ved Ejderen, siden*
*1864 i det nuværende Sydslesvig og Holsten*
*(Tyskland)*

Rosenkrands – 49

*Tysk: Rosenkranz. Bebyggelse i Aventoft sogn i*
*Viding herred, siden 1864 i det nuværende Syd-*
*slesvig (Tyskland)*

Skast – 17, 18, 22, 29

*Bebyggelse og sogn i Højer herred, siden 1920 i*
*det nuværende Sønderjylland*

Slesvig – 52

*Hertugdømmet Slesvig, siden 1864 i Tyskland,*
*siden 1920 delt i det nuværende Sønderjylland*
*og Sydslesvig (Tyskland)*

St. Johannis – 54

*Sogn på øen Før. Nordfrisisk ø i Viding og Lø*
*herreder, siden 1864 i det nuværende Sydslesvig*
*(Tyskland)*

Stadum - 42

*By i Læk sogn i Kær herred, siden 1864 i det*
*nuværende Sydslesvig (Tyskland)*

Stedesand – 40

*By og sogn i Kær herred, siden 1864 i det nuvæ-rende Sydslesvig (Tyskland)*

Store Tønde – 20

*Bebyggelse i Hostrup sogn i Slogs herred, siden 1920 i det nuværende Sønderjylland*

Sæd – 51

*By i Udbjerg sogn i Tønder herred, siden 1920 i det nuværende Sønderjylland*

Sønderløgum – 32, 47

*Anden skrivemåde for Sønder Løgum. Tysk: Süderlügum. By og sogn i Kær herred, siden 1864 i det nuværende Sydslesvig (Tyskland)*

Tinglev – 52

*By og sogn i Slogs herred, siden 1920 i det nuværende Sønderjylland*

Tønder – 14, 15, 16, 20, 21, 22, 33, 36, 38, 39, 41, 48, 49

*Købstad i Tønder herred, siden 1920 i det nuvæ-rende Sønderjylland*

Tønder Amt – 16

*Indtil 1864 omfattede amtet: Bøking, Hviding, Kær, Slogs, Tønder, Højer, Lø og Viding herreder. Efter 1920 hører Hviding, Slogs, Tønder, Højer og Lø herreder til Sønderjylland, medens Bøking, Kær og Viding herreder hører til Sydslesvig (Tyskland)*

Tønder Provsti – 14, 24, 39, 54

*Kirkelig administrativ enhed under Ribe stift*

Udbjerg – 51

*By og sogn i det nuværende Ubjerg i Tønder Herred, siden 1920 i det nuværende Sønderjylland*

Vesby – 44

*Tysk: Weesby. By i Kosel sogn i Risby herred, siden 1864 i det nuværende Sydslesvig (Tyskland)*

Vester Snattebøl – 41

*Tysk: Wester Schnatebüll. Bebyggelse i Stedesand sogn i Kær herred, siden 1864 i det nuværende Sydslesvig (Tyskland)*

Vestkysten – 15

*Her vestkysten af hertugdømmet Slesvig, siden 1920 delt i det nuværende Sønderjylland og Sydslesvig (Tyskland)*

Vestre – 44

*Tysk: Westre. By i Ladelund sogn i Kær herred, siden 1864 i det nuværende Sydslesvig (Tyskland)*

Vimmersbøl – 48

*Tysk: Wimmersbüll. By i Sønder Løgum sogn i Kær herred, siden 1864 i det nuværende Sydslesvig (Tyskland)*

Øster Snattebøl – 42

*Tysk: Oster Schnatebüll. By i Læk sogn i Kær herred, siden 1864 i det nuværende Sydslesvig (Tyskland)*

# Personnavne

Hansen, Christian Paulsen – 46
*Lærer i Ophusum*
Hansen, Kai – 42
*Kirkeværge i Læk*
Haue, Christian Jensen – 35
*Lærer i Tønder*
Hjort, Jens [Iens] Mathias Lind – 13, 34, 41, 42, 48, 49, 51, 52, 53, 57
*Provst i Tønder*
Holm, J. H. – 17, 30
*Borgmester i Tønder*
Holst, Søren Hansen – 42
*Lærer i Øster Snattebøl*
Høgsbro, Sabinus – 53
*Præst i Højst*
Hørlyck, Hans Christian – 51
*Degn i Abild*
Jacobsen – 34
*Rådmand i Tønder*
Jacobsen, Hans – 50
*Præst i Nykirke*
Jacobsen, J. A. – 42
*Præst i Læk*

Olufsen – 20
*Købmand i Tønder*
Paulsen, Martin – 26
*Borger i Tønder*
Petersen – 50
*Lærer i Hesbøl*
Petersen, Johanne Bothilde – 40
*Præstekone i Dedsbøl*
Petersen, Philip – 38, 39, 40
*Præst i Dedsbøl*
Poulsen – 25
*Værtshusholder i Tønder*
Poulsen, Johan Peter – 19, 34
*Borger i Tønder*
Rasmussen – 49
*Lærer i Aventoft*
Reimuth, Jens Christian Emil – 47
*Præst i Sønderløgum*
Riis-Lowson, Andreas Christian – 16, 41
*Præst i Læk*
Rosendahl – 29, 35
*Lærer i Tønder*
Schmidt – 27
*Bager i Tønder*

# Litteratur

Arkiv over slægten Hjort og indgiftede familier / ved Niels Hjort, 1857-1939. – Det Kongelige Bibliotek. – Værk ID: Acc2013/124. – *Heri:* Niels Hjorts afskrift af provst Hjorts indberetning 1864.

Danmarkshistorien –
https://danmarkshistorien.dk/temaer/krigen-i-1864/

Gejstligheden i Slesvig og Holsten : fra Reformationen til 1864 : personalhistoriske Undersøgelser / ved Otto Fr. Arens. – København : Levin & Munksgaards Forlag, 1932. – (Series Pastorum ; 3).

Grænseforeningen –
https://www.graenseforeningen.dk

Lærerne under sprogreskripterne 1851-1864 : sydslesvigske år og dage / L. S. Ravn ; udgivet af Poul Kürstein. – Flensborg : Forlaget Skandia, N. A. Sørensen KG, 1971.

Meddelelser om Begivenhederne i Slesvig siden den preussisk-østerrigske Invation : (den 1ste November 1864). – Kjøbenhavn : J. H. Schultz, 1864.

Salmonsens Konversationsleksikon. – 2. udgave / redigeret af Chr. Blangstrup. – København : A/S J. H. Schultz Forlagsboghandel, 1915-1930.

Slagtebænk Dybbøl – 18. april 1864 : historien om et slag / Tom Buk-Swienty. – 2. udgave, 6. oplag. – [København] : Gyldendal, 2010. – ISBN 978-87-02-07756-8.

Tønder 1243-1943 : udgivet i Anledning af Tønder Bys 700 Aars Jubilæum / af Claus Eskildsen. – [Tønder] : Forlaget Guldhorn, [1943].

Wikipedia DK – https://www.wikipedia.dk

*Forlaget* Laanshøj har udgivet følgende e-bøger:

*Henning Smidth:*
Maleren Mogens Balle. 1. udgave. 2019. ISBN
9788797121306
Maleren Mogens Balle. 2. udgave. 2020. ISBN
9788797121320

*Jens Mathias Lind Hjort:*
Et bidrag til fortællingen om den 2. slesvigske krig 1864.
2019.
ISBN 9788797121313 (EPUB)
ISBN 9788797121337 (PDF)